작은 나의 고백

최철규 글·그림

도서출판
나무

차례

1. 프롤로그   6
2. 작은 나의 고백   9
3. 복음을 전파하라   75

4. 모든 사람에게는   85

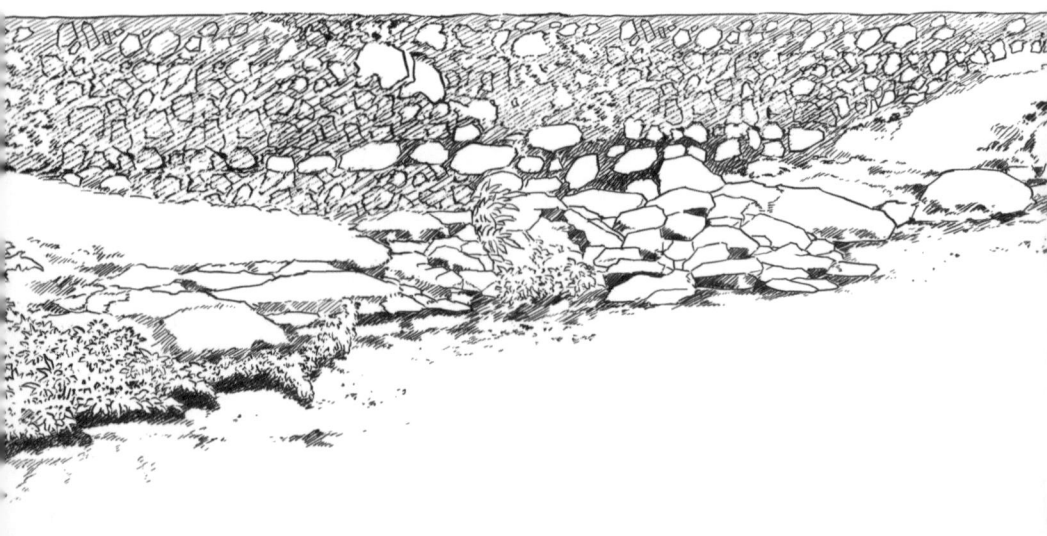

프롤로그
prologue

심한 고통의 기억이 몸서리쳐지고, 숨어 있던 어두운 그늘이 삶에서 불쑥 나올 때면 고난의 흔적이 다 아름다운 것만은 아니라는 생각이 듭니다. 하지만 고난은 인생에서 선물과 같아 참 빛을 향해 걸어가도록 향방을 정해주기도 합니다. 제 나이 스물여덟에 삶과 죽음의 갈림길에서 피할 수 없는 고난을 유익하게 하셨던 이야기를 《작은 나의 고백》이라는 만화로 담았습니다.

사실, 이 작품은 1998년 12월, 저에게 일어났던 일을 만화로 재구성하여 그린 간증 만화입니다. 첫 발표는 13년 전, 기독교 포탈 갓피플 〈최 집사의 묵상 만화〉에 연재되었던 만화로 2017년 CTS 웹툰 공모전에서 대상을 받으면서 이 작품이 다시 주목을 받았습니다.

《작은 나의 고백》은 2018년 12월 비매품 전도용 책자로 만들어져 많은 독자가 전도 책자로 사용하면서 수요가 늘게 되었고, 이번 2022년 8월, 리뉴얼 되면서 정식으로 출간하게 되었습니다. 작은 소망이 있다면, 불확실한 내세에 대한 두려움으로 죽음 앞에서 고민하는 분들에게 작은 도움이 되기를 바랍니다.

생각지 못한 죽음이 저에게 서슴없이 다가왔을 때, 가장 두려웠던 것은 '죽으면 어떻게 될까? 나는 구원 받을 수 있을까? 지금 죽으면 천국에 갈 수 있을까?'에 대한 문제였습니다. 죽음이라는 큰 장벽 앞에서 철저한 고뇌와 두려움 속에서 성경을 읽기 시작했고, 그 가운데 하나님은 저를 만나주셨습니다.

사람이 의롭게 되는 것은 율법의 행위로 말미암음이 아니요
오직 예수 그리스도를 믿음으로 말미암는 줄 알므로 우리도 그리스도 예수를
믿나니 이는 우리가 율법의 행위로써가 아니고 그리스도를 믿음으로써

> 의롭다 함을 얻으려 함이라 율법의 행위로써는 의롭다 함을 얻을 육체가 없느니라
> (갈라디아서 2장 16절)

우리 크리스천들은 예수님을 믿고 하나님의 자녀라는 인식을 갖고 살아갑니다. 그러나 우리는 '하나님의 자녀'라는 인식을 가지고 살지만, 여전히 죄를 짓는 모습 속에서 '의인'이라는 단어를 입에 두기 어려워합니다. 그 반대로 '죄인'이라는 단어를 겸손의 표현으로 쓰기를 즐겨합니다. 그러나 성경은 여지없이 말합니다.

> 그러므로 율법의 행위로 그의 앞에 의롭다 하심을 얻을 육체가 없나니
> (로마서 3장 20절)

> 그리스도 예수 안에 있는 속량으로 말미암아 하나님의 은혜로 값 없이
> 의롭다 하심을 얻은 자 되었느니라
> (로마서 3장 24절)

율법의 행위가 아니라 하나님의 은혜로 값없이 의롭다 하심을 얻은 자 되었다고 말합니다. 그리고 한 범죄(아담의 범죄)로 모든 인류가 정죄에 이른 것같이 한 의로운 행위, 즉 예수 그리스도의 의로운 행위로 많은 사람이 의롭다 하심을 얻었다고 성경은 분명하게 기록하고 있습니다. 예수님의 의를 전가 받아 '의인의 신분'을 가졌다는 것을 알게 된 후부터 저는 당당히 '의인'이라고 말합니다.

죄인이라 말하는 것이 마치 세상에서는 최고의 겸손인 양 생각하지만, 하나님 앞에서는 최고의 교만이라고 생각합니다. 왜냐하면 우리의 행위를 따라 의롭다 한 것이 아니라 은혜로 의롭다 하였는데, 죄인이라 함은 그의 의를 못 믿겠다는 의미가 아닐까요?

저는 예수님이 전가해주신 그 '의'가 너무 감사해서 딸의 이름을 '의인'이라 이름 지었습니다. 죄인인 우리에게 의의 옷을 입혀 주시고, '의로운 자여, 의인아'라고 부르십니다.

죄인이 의인 되려고 율법을 열심히 지키는 것이 아니라, 예수님을 통해 의인이 되었으니 의인답게, 의인의 신분에 맞게 절제하며 사는 것이 진정한 성도의 삶이라고 믿습니다. 고군분투하며 이 땅에서 의의 신분에 맞는 삶을 살 때, 예수 그리스도로 말미암아 주어질 약속의 유업을 기쁨으로 충만히 누릴 것입니다.

하늘을 두루마리 삼고 바다를 먹물 삼아도
한없는 하나님의 사랑 다 기록할 수 없겠네
하나님의 크신 사랑 그 어찌 다 쓸까
저 하늘 높이 쌓아도 채우지 못하리
(찬송가 304장)

그분의 사랑을 어찌 잊을 수 있겠습니까? 우리가 어떻게 의인 되었는데 아무렇게나 살 수 있겠습니까? 하나님께 대하여 원수 된 자를 불러서 영원한 생명을 주시고, 그분의 자녀로, 의인으로, 유업을 이을 자로 만들어 주신 그 은혜의 복음을 널리 전하며 사시기를 축복합니다.

2022년, 여름
만화가 최철규

여호와여 주는 나의 방패시요 나의 영광이시요 나의 머리를 드시는 자이시니이다
내가 나의 목소리로 여호와께 부르짖으니 그의 성산에서 응답하시는도다 (셀라)
내가 누워 자고 깨었으니 여호와께서 나를 붙드심이로다

시편 3장 3~5절

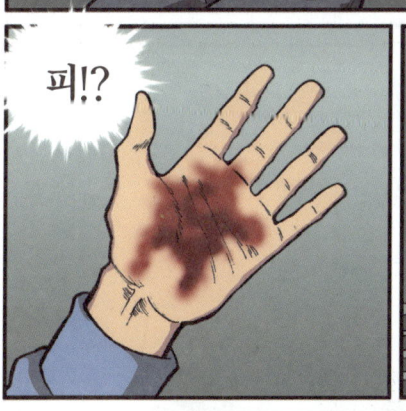

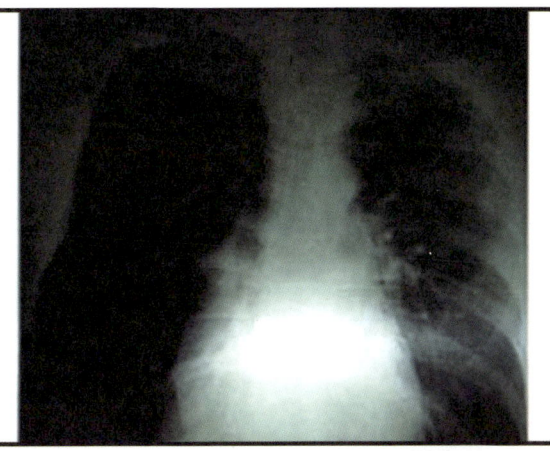

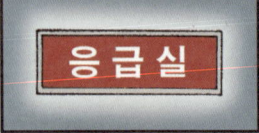

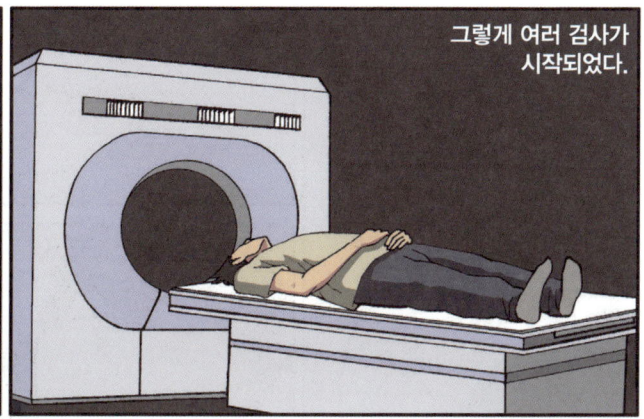

그렇게 여러 검사가 시작되었다.

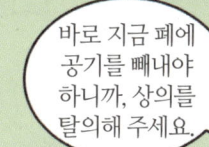

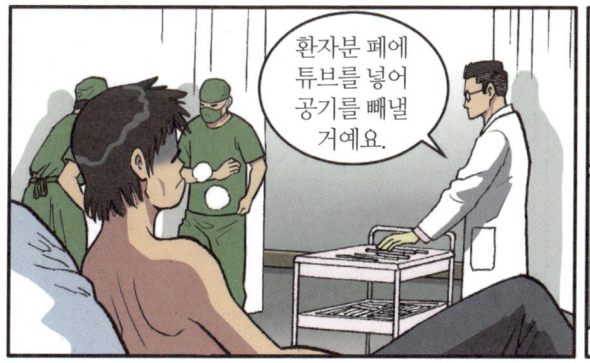

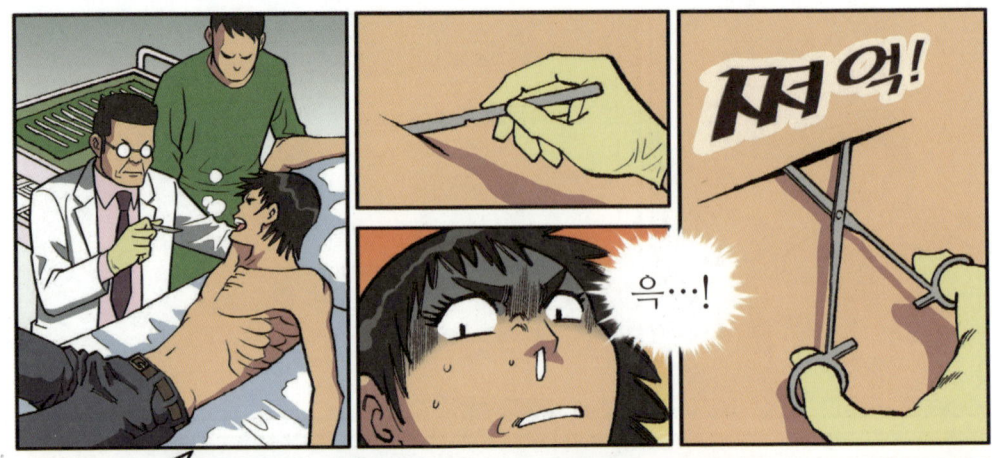

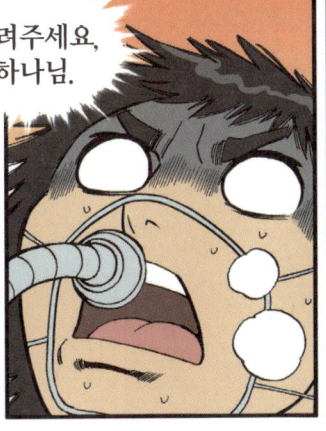

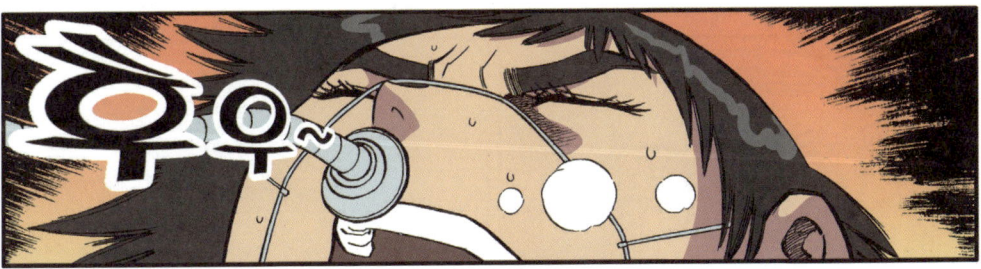
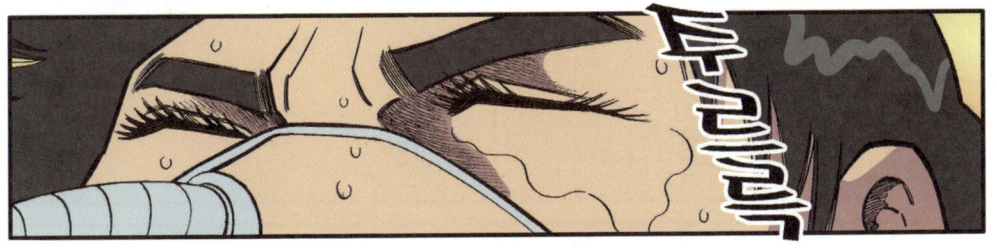
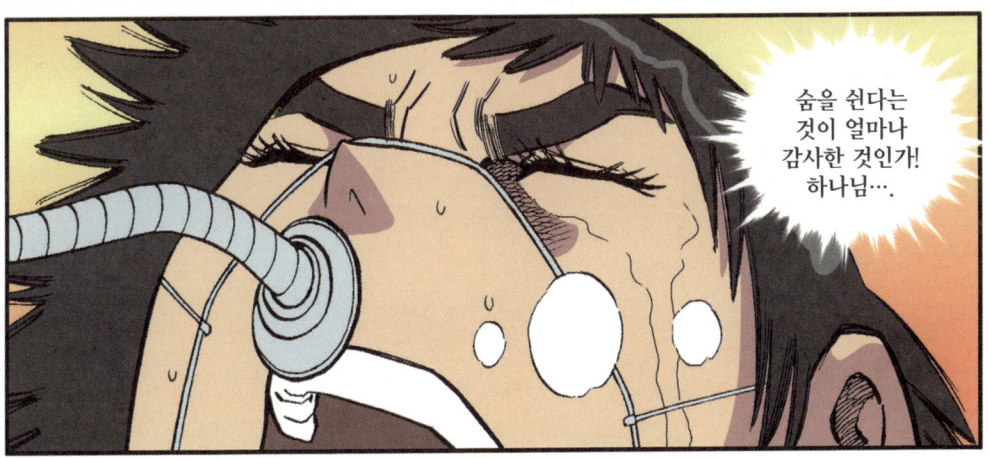

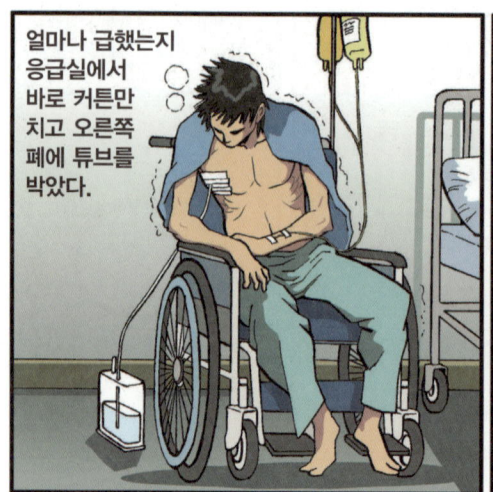

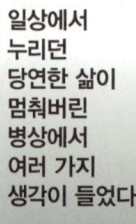

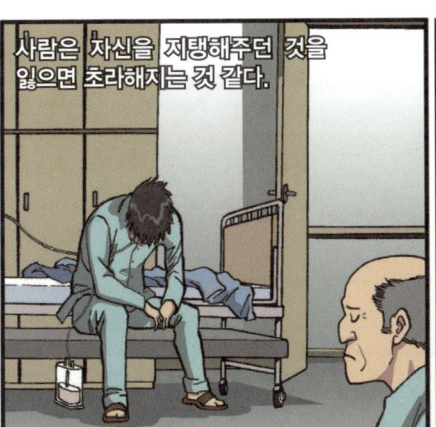

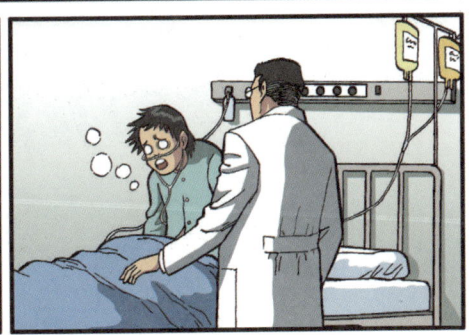

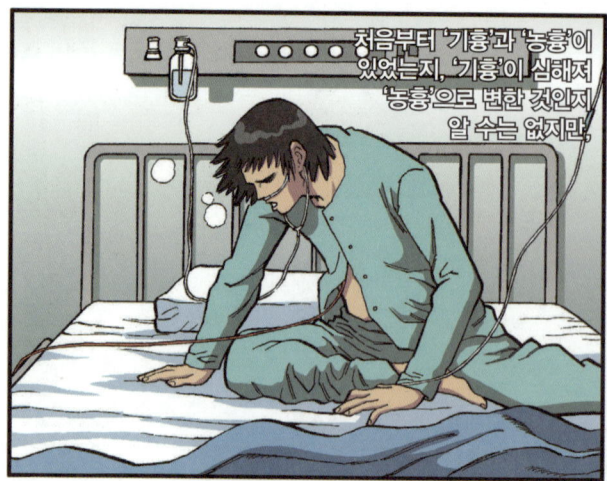

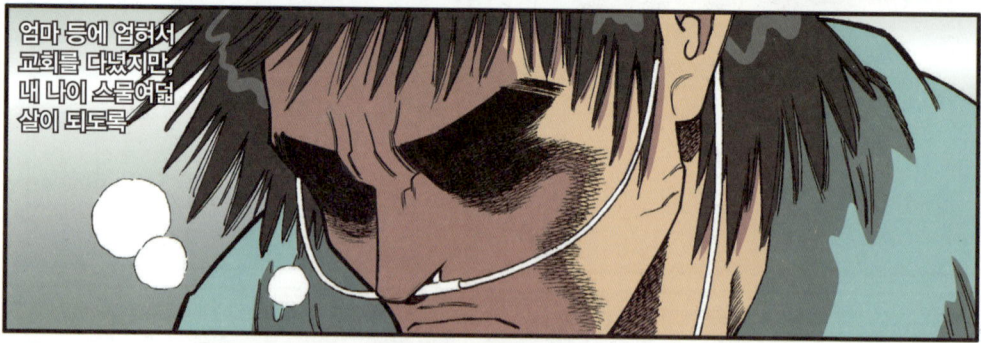

그날부터 낮에는 성경을 읽고,

밤에는 진통제 주사인지 잘 모르겠으나 맞으면 고통이 덜했다.

한 달 이상을 병원에 누워 있어도 차도가 없자, 의사들은 수술을 권했고, 부모님은 수술에 동의하는 사인을 하셨다.

키 178cm에 몸무게는 47kg이었으니 수술받기에도 힘든 몸이었다.

어머니는 날 안정시키기 위해 작은 내시경을 넣어 수술하는 것이니 몸에 흉터가 안 생긴다고 말씀하셨지만,

그날 수술은 내시경이 아닌 가슴을 열고 오른쪽 폐를 제거해야 하는 수술이었다.

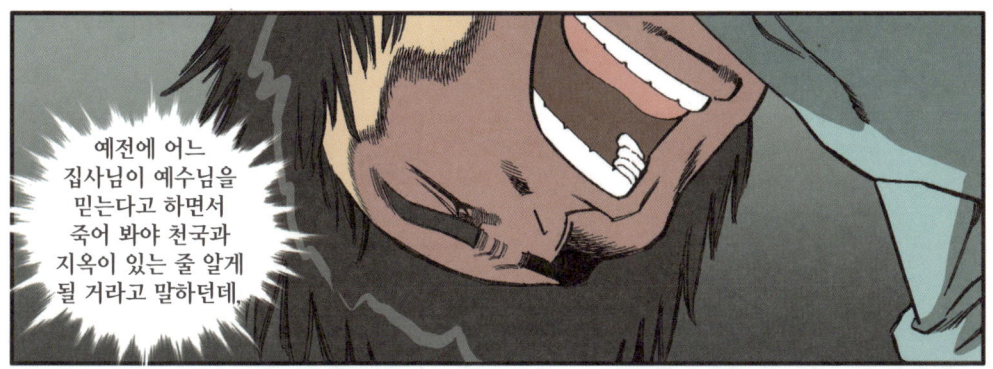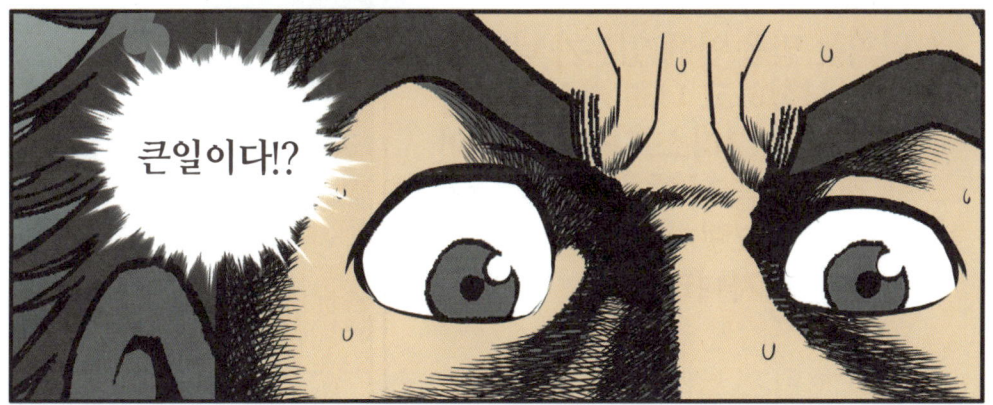

로마서 12장

3 ○내게 주신 은혜로 말미암아 너희 각 사람에게 말하노니 마땅히 생각할 그 이상의 생각을 품지 말고 오직 하나님께서 각 사람에게 나누어 주신 믿음의 분량대로 지혜롭게 생각하라

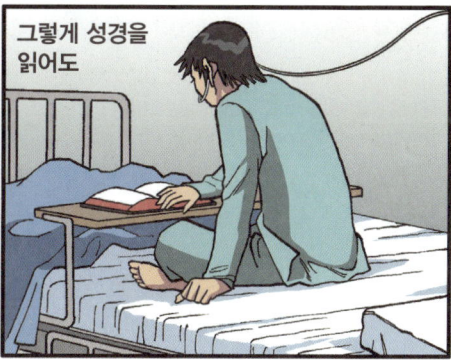

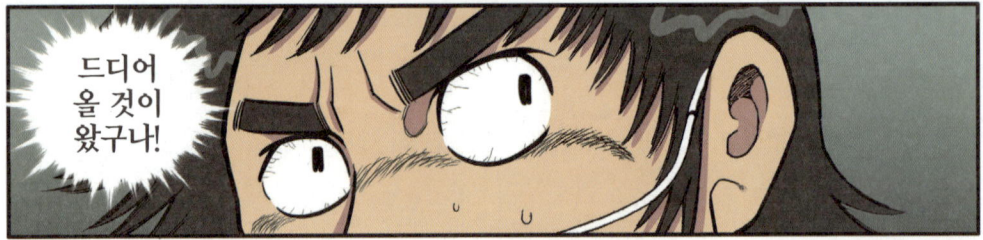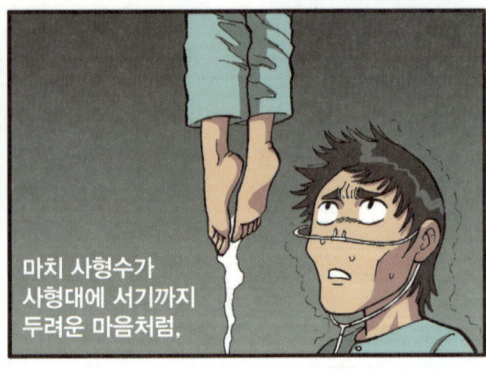

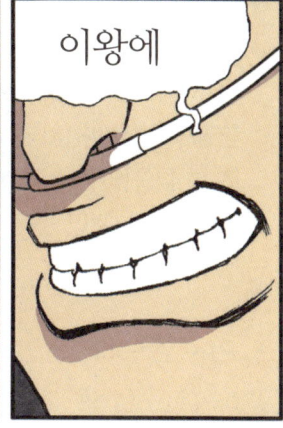

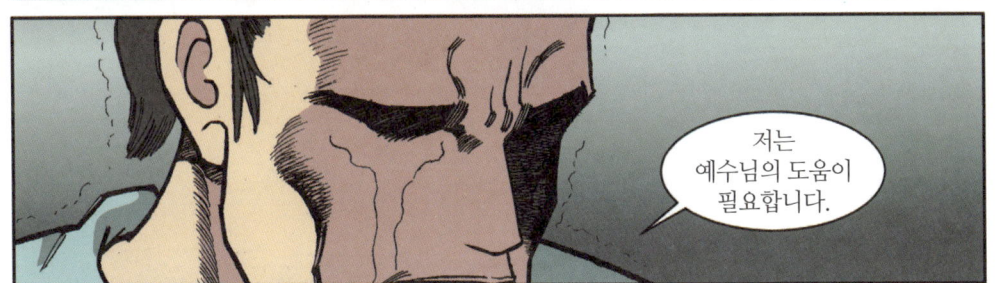

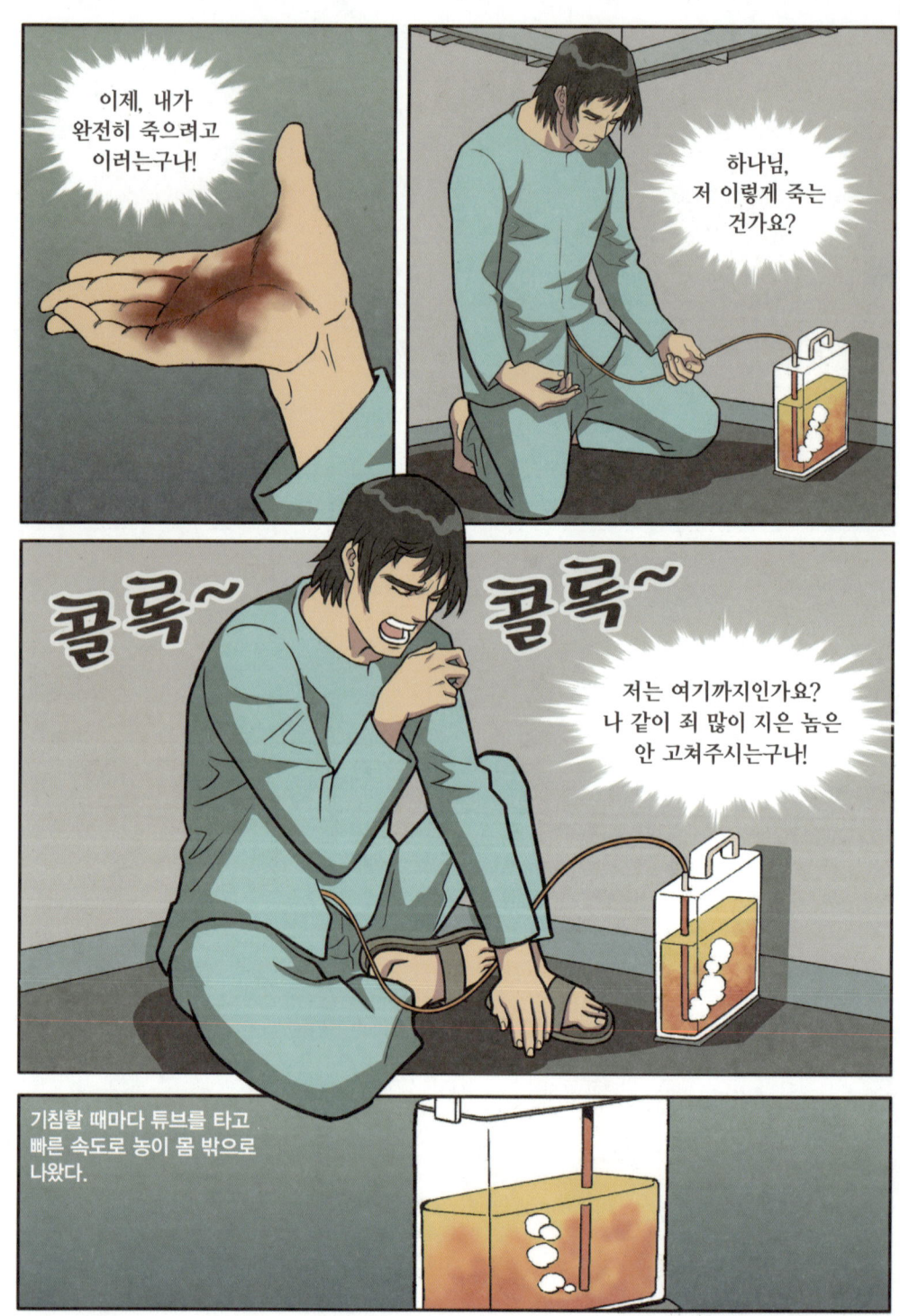

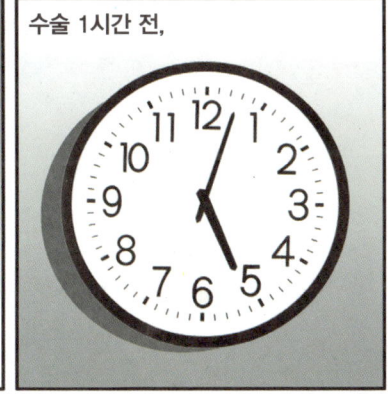

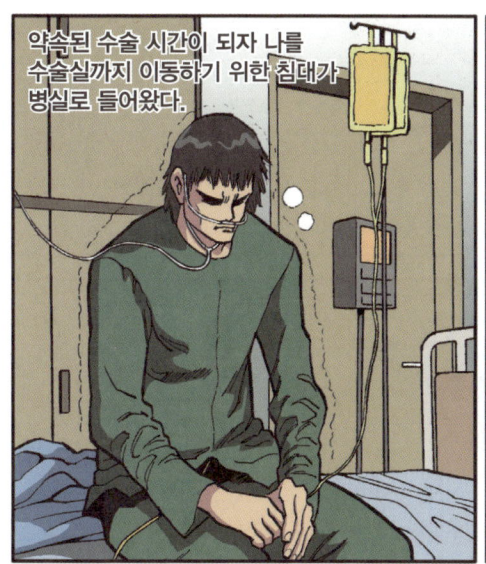
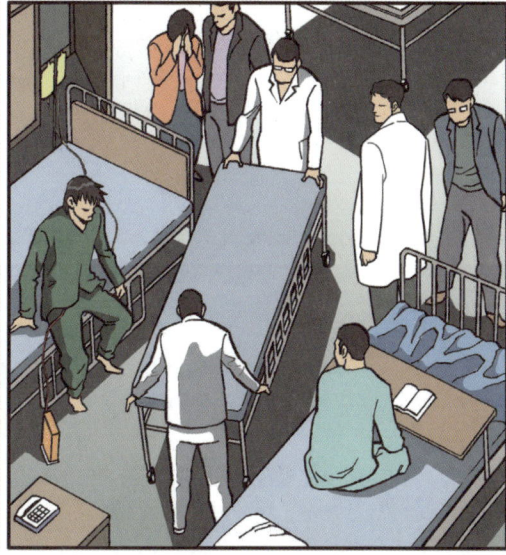
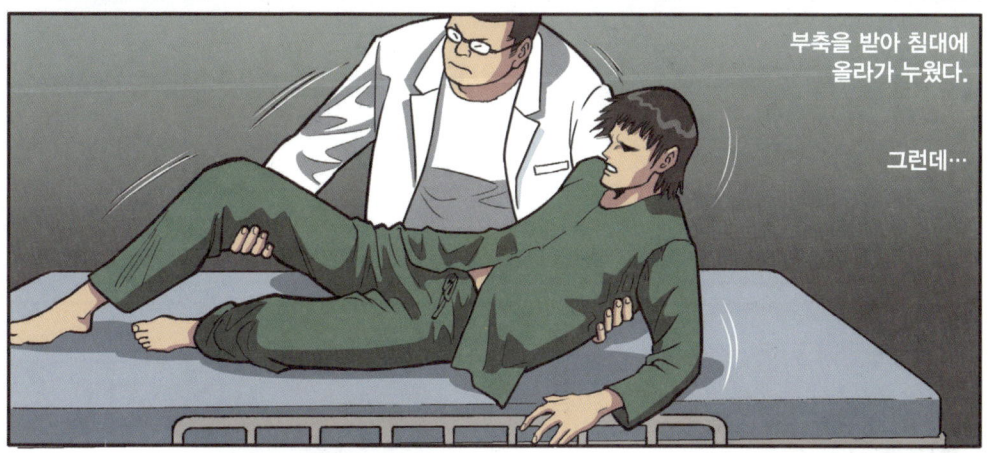

아니!
믿을 수가 없어
폐가 정상으로
돌아오다니!

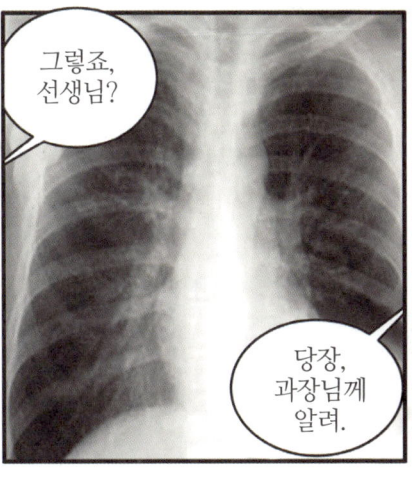

그렇죠,
선생님?

당장,
과장님께
알려.

인생 참으로
허무하다. 하고픈
것도 다 해 보지
못하고,

더 살고 싶다.

수 술 중

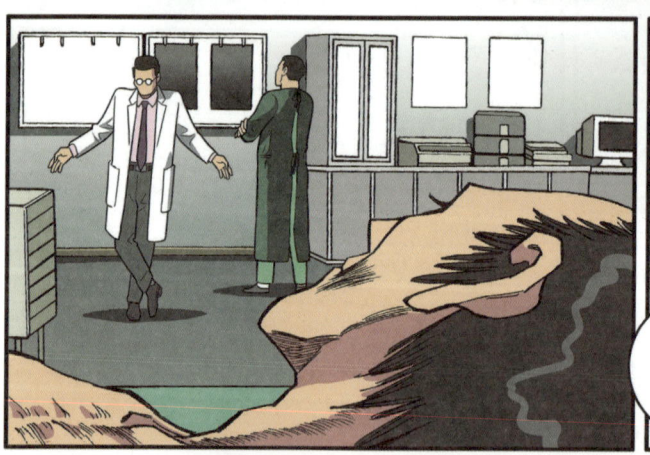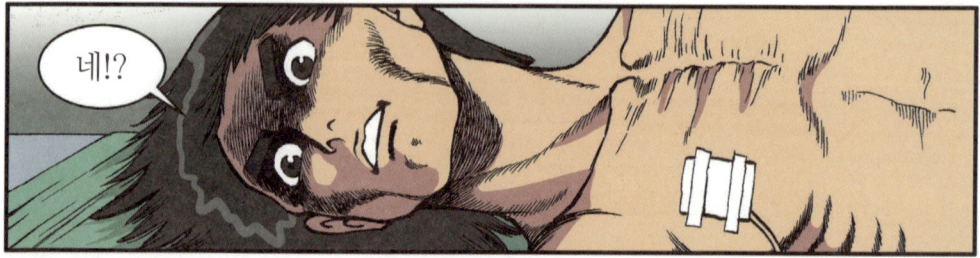

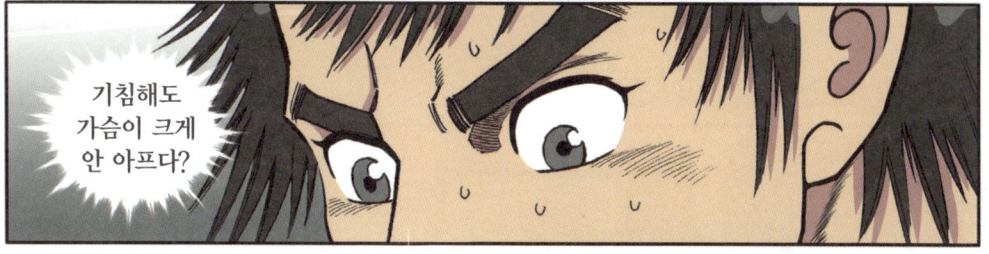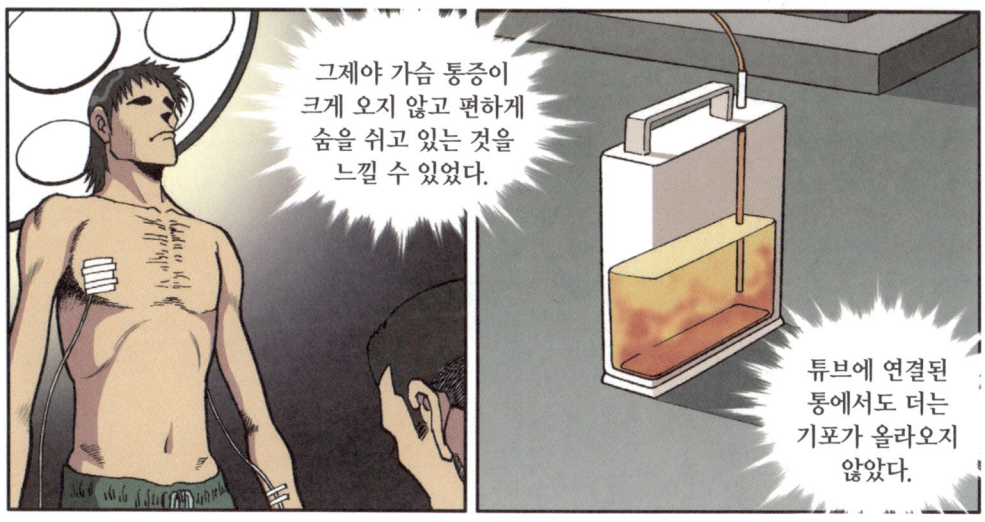

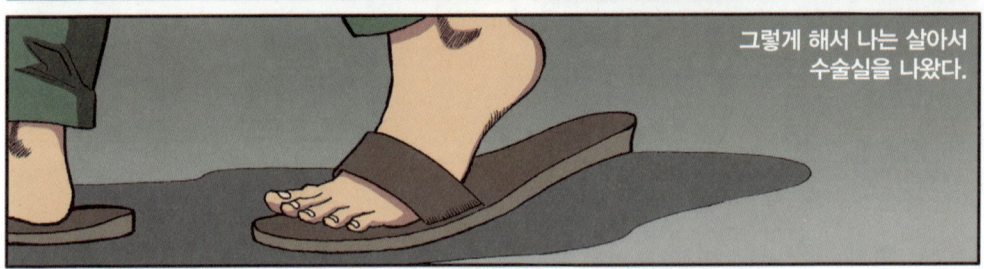

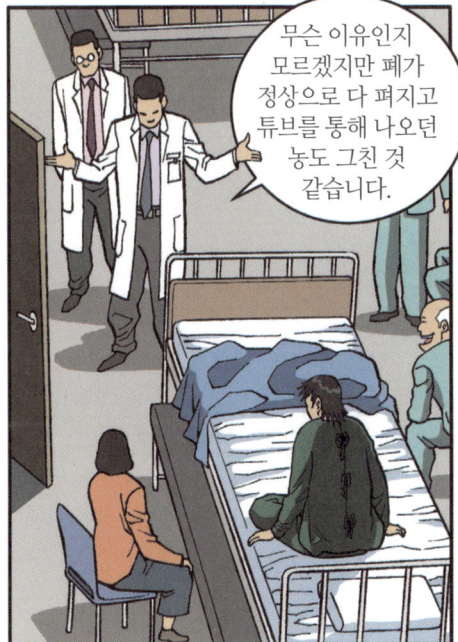

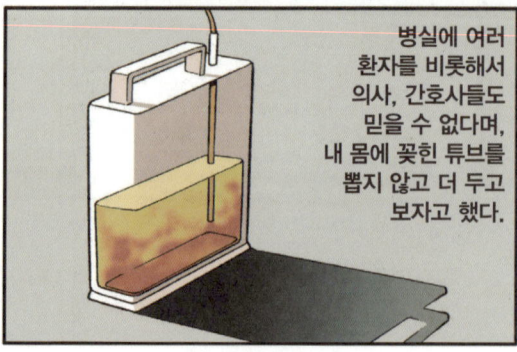

3일 동안 공기 나오는 것이 멈추면 튜브를 뽑는데, 난 일주일을 더 꽂고 있었다.

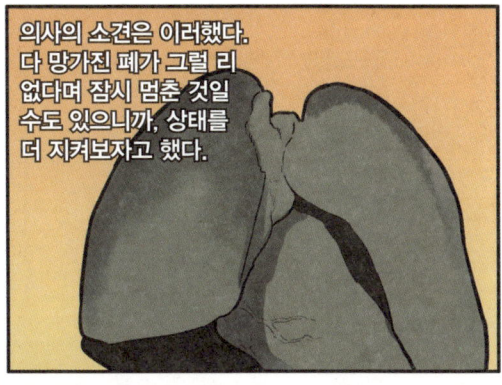

의사의 소견은 이러했다. 다 망가진 폐가 그럴 리 없다며 잠시 멈춘 것일 수도 있으니까, 상태를 더 지켜보자고 했다.

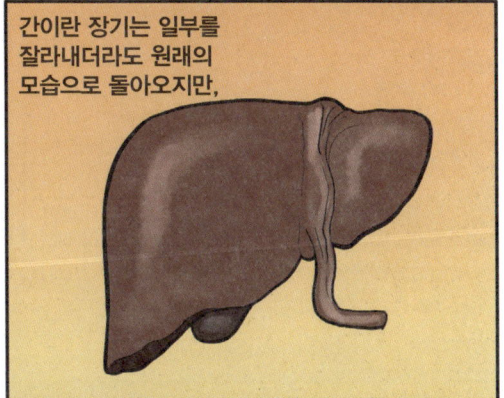

간이란 장기는 일부를 잘라내더라도 원래의 모습으로 돌아오지만,

폐라는 장기는 썩으면 새살이 자라나는 장기가 아니므로 의사들의 의심에는 그만한 이유가 있었다.

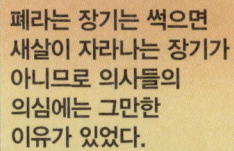

그렇게 일주일이라는 시간이 흐르고 공기가 더이상 나오지 않는 것을 확인하고

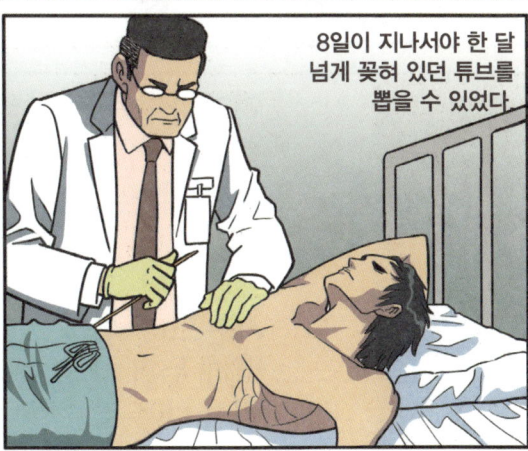

8일이 지나서야 한 달 넘게 꽂혀 있던 튜브를 뽑을 수 있었다

병원을
퇴원하고
난 후,

목사님의 말씀은
예전에 듣던 그 말씀이
아니었다.

졸리기만 하던
그 말씀들이 왜
그리 내 가슴을
설레고 요동치게
하던지,

또 성경을
읽을 때마다
가슴이 뜨겁고
벅차던지….

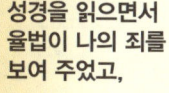

성경을 읽으면서
율법이 나의 죄를
보여 주었고,

사실이 내 가슴에 깊이 박히게 되었다.

나의 죄를 사하기 위해, 예수님이 이천 년 전에 우리의 죄가 아닌 나의 죄를 대신 지고 십자가에서 돌아가셨다는

그것은 예전에 설교로 듣고 성경으로 읽던 평범한 말과 글이 아니라,

정말로 하나님의 아들이 나를 위해 돌아가셨다는 살아있는 말씀이었다.

그렇다면 나의 죄를 어떻게 용서받을 수 있을까?

> 25 ○나 곧 나는 나를 위하여 네 허물을 도말하는 자니 네 죄를 기억하지 아니하리라
>
> 이사야 43장

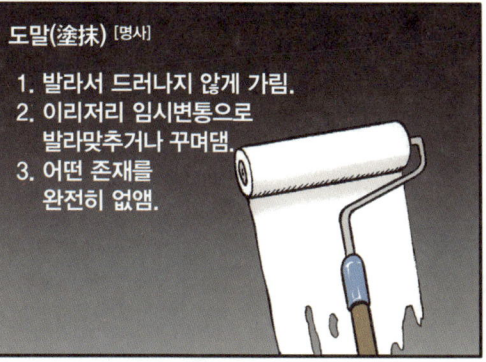

도말(塗抹) [명사]
1. 발라서 드러나지 않게 가림.
2. 이리저리 임시변통으로 발라맞추거나 꾸며댐.
3. 어떤 존재를 완전히 없앰.

하나님 앞에 나아가면 우리의 죄를 사하여주신다는 하나님의 말씀이 성경 전체에 그렇게 많은지 그때 처음 알았다.

성경에 따르면 하나님께서 우리의 죄를 용서하시고 우리를 의롭다고 인정해 주신다.

> 19 한 사람이 순종하지 아니함으로 많은 사람이 죄인 된 것 같이 한 사람이 순종하심으로 많은 사람이 의인이 되리라
>
> 로마서 5장

로마서 4장

5 일을 아니할지라도 경건하지 아니한 자를 의롭다 하시는 이를 믿는 자에게는 그의 믿음을 의로 여기시나니

구원받기 위해 선한 일을 아니할지라도 경건치 아니한 나를 의롭다 하시는 그분을 나는 확실히 믿는다.

성경을 읽으면서 또 말씀을 들으면서 구원의 확신이 내 안에 가득 차게 되었다.
그때 받은 하나님의 사랑이 나를 붙잡고 계시고, 지금도 하나님께서 나와 동행하여 주신다는 사실에 감사하며 살아가고 있다.

이 병을 앓은 지도 23년의 시간이 지나가고 있다.

하나님의 은혜로 다시 태어났고,

언제나 주님께 순종하는 삶이 나의 목표이고, 주님을 기쁘게 하는 것이 나의 작은 소망이다.

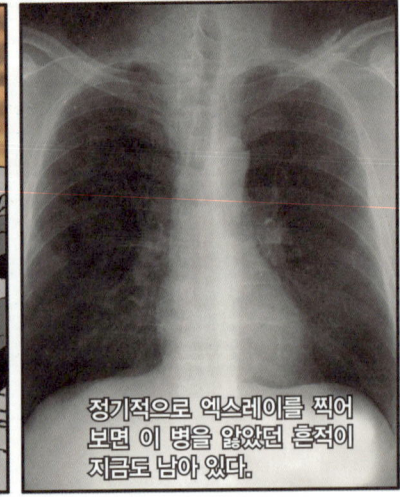
정기적으로 엑스레이를 찍어 보면 이 병을 앓았던 흔적이 지금도 남아 있다.

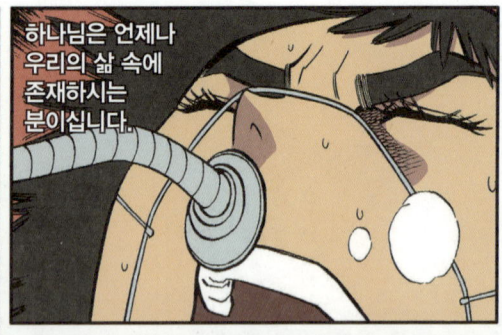

저와 같은 일이 아니더라도
우리가 이천년 전에 우리의 모든 죄를
사하기 위해 돌아가신 예수님을
육의 눈으로 보지 않았음에도
믿어지는 것 그것 자체가
기적이 아니겠습니까?

우리 모두 예수님을 믿어
주님이 부르시는 날까지
이 땅에서 하나님이 주신
사명을 잘 감당하시고
천국에서 만나기를
소망합니다.

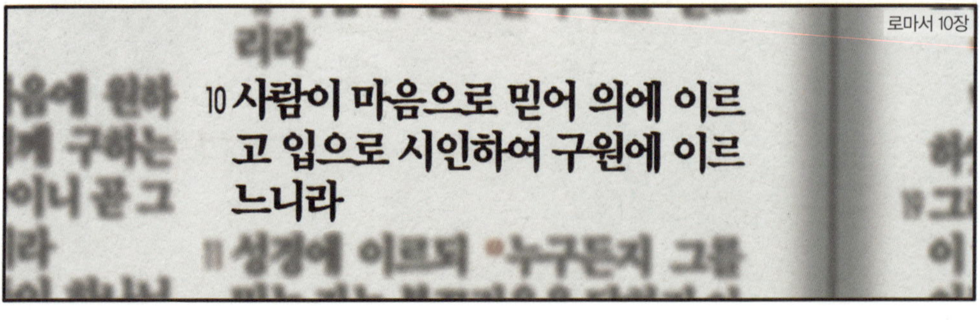

로마서 10장

10 사람이 마음으로 믿어 의에 이르고 입으로 시인하여 구원에 이르느니라

24년 후,

덤으로 얻은 인생에서
살 속에 박힌 고난이
나의 인생의 키를
거머쥔 채 시퍼런
물살을 헤쳐나가게 한다.

구부러진 인생길을
가다 보면 더한 것이
올 수도 있겠지.

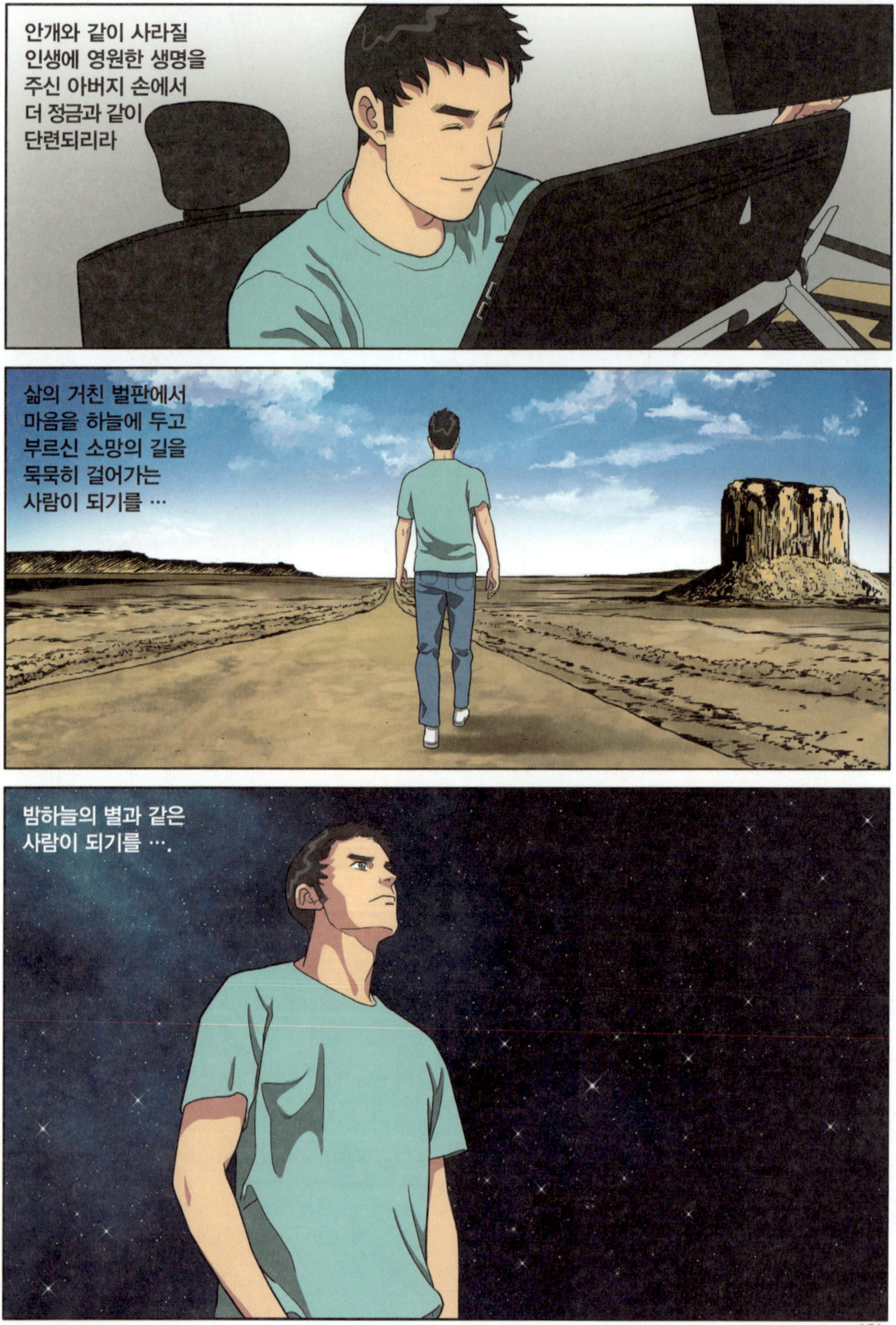

안개와 같이 사라질
인생에 영원한 생명을
주신 아버지 손에서
더 정금과 같이
단련되리라

삶의 거친 벌판에서
마음을 하늘에 두고
부르신 소망의 길을
묵묵히 걸어가는
사람이 되기를 …

밤하늘의 별과 같은
사람이 되기를 ….

마침.

Preach The **Gospel**
복음을 전파하라

오직 성령이 너희에게 임하시면 너희가 권능을 받고 예루살렘과
온 유대와 사마리아와 땅 끝까지 이르러 내 증인이 되리라 하시니라
(사도행전 1장 8절)

Preach The **Gospel**

복음을 전파하라

나는 왜 구원의 확신이 없는 걸까?

Preach The **Gospel**
복음을 전파하라

만약, 오늘 밤에 당신이 죽는다면 천국에 들어갈 수 있습니까?

 기쁜 소식을 알려드리겠습니다.

하나님은 당신을 사랑하십니다.

하나님이 세상을 이처럼 사랑하사 독생자를 주셨으니
이는 그를 믿는 자마다 멸망하지 않고 영생을 얻게 하려 하심이라
(요한복음 3장 16절)

하나님은 사랑하는 당신에게 영원한 생명을 주시기를 원합니다.

그런데 왜 영생을 선물로 받지 못할까요?

Preach The Gospel
복음을 전파하라

인간은 모두 죄인이기 때문입니다.

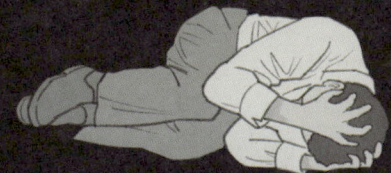

모든 사람이 죄를 범하였으매 하나님의 영광에 이르지 못하더니
(로마서 3장 23절)

죄의 삯은 사망이요
(로마서 6장 23절)

한번 죽는 것은 사람에게 정해진 것이요 그 후에는 심판이 있으리니
(히브리서 9장 27절)

죄는 하나님을 불순종하며 거부하는 것입니다.
죄 아래 있는 인간은 스스로 자신의 죄를 해결할 수 없습니다.

그렇다면 어떻게 해야 할까요?

Preach The Gospel
복음을 전파하라

예수 그리스도는
당신의 죄 대신 십자가에서 죽으셨습니다.

이는 성경대로 그리스도께서 우리 죄를 위하여 죽으시고
장사 지낸 바 되셨다가 성경대로 사흘 만에 다시 살아나사
(고린도전서 15장 3-4절)

오직 예수 그리스도만이 구원을 주시는 유일한 분이십니다.

Preach The **Gospel**

복음을 전파하라

예수 그리스도를
당신의 구주로 영접해야 합니다.

영접하는 자 곧 그 이름을 믿는 자들에게는 하나님의 자녀가 되는 권세를 주셨으니
(요한복음 1장 12절)

볼지어다 내가 문 밖에 서서 두드리노니 누구든지 내 음성을 듣고 문을 열면
내가 그에게로 들어가 그와 더불어 먹고 그는 나와 더불어 먹으리라
(요한계시록 3장 20절)

당신은 예수 그리스도를 구주로 영접하시겠습니까?
예수님을 구주로 영접하면 구원을 얻고 하나님의 자녀가 됩니다.
당신은 예수님을 믿고 하나님의 자녀로 살아가기를 원하십니까?

그렇다면, 다음 기도문을 따라 읽어 주시기 바랍니다.

영접 기도문
(따라 기도하기)

하나님,
하나님이 보이지 않아 믿지 않았습니다.
아무리 하나님을 찾아도 찾을 수가 없어
하나님은 그 어디에도 없다고 생각했습니다.

어디에서 와서 (이 땅에서) 무엇을 하다가
어디로 돌아가는 줄도 모르고 살았습니다.
오늘 하나님이 먼저 찾아와 주시지 않았다면
영원히 하나님을 몰랐을 것입니다.
저에게 먼저 찾아와 주셔서
독생자 아들, 예수 그리스도를 주시기까지
사랑한 것을 알려주셔서 감사합니다.

끊임없이 생기는 어두운 죄들을 감추려고 수고했지만,
고통과 어두운 그늘만이 마음에 가득할 뿐임을 알았습니다.

이제 마음을 열어 고백합니다.
예수 그리스도만이 구원을 주시는 유일한 분이며
하나님 아버지께로 가는 유일한 생명의 길임을 믿습니다.
지금 마음의 문을 열고 영원한 생명을 선물로 주신
예수님을 구주로 받아들입니다.
예수님의 이름으로 기도합니다. 아멘.

Preach The Gospel
복음을 전파하라

당신은 하나님의 자녀가 되었습니다.
하나님은 당신과 영원히 함께 하십니다.

볼지어다 내가 세상 끝날까지 너희와 항상 함께 있으리라
(마태복음 28장 20절)

※ 별지는 절취선을 따라 잘라서 전도지로 사용하세요. ➡

작은 나의 고백
『만화로 읽는 천로역정』
최철규 작가의 작은 나의 고백

초판발행 | 2022년 8월 5일
3쇄 발행 | 2025년 8월 5일

지 은 이 | 최철규
편　　집 | 이영이
발 행 처 | 도서출판 나무
등　　록 | 제2022-000065호
주　　소 | 경기도 용인시 처인구 금어로 46, 106동 1803호
홈페이지 | https://www.facebook.com/choicholkyu
전자우편 | choicholkyu@naver.com
구입문의 | 010-3395-6900

[도서출판 나무 선교후원] 신한 110-540-655236 (예금명:도서출판 나무)

책 가격은 뒤표지에 있습니다.
ISBN 979-11-979496-0-9

저자의 허락 없이 이 책을 무단 복제, 전재,
발췌하면 저작권법에 의해 처벌을 받습니다.

예수님이 많은 무리에게 생명의 말씀을 나누었듯이,
도서출판 나무는 많은 무리에게 하늘의 가치를 나눕니다.

모든 사람에게는 주어진 시간이 있습니다.

모든 사람은 그 시간에 맞춰 인생을 살아갑니다.

세상의 모든 일은 다 정한 때와 기한이 있습니다. 당신도 제한된 이 세상 기한에서 무엇을 준비하며 살겠습니까?
(전도서 3장)

뱀새에 기한이 있고 정한 때가 있나니 (전도서 3장)

예수님께서 생명의 길을 일러주셨으니 그 예수님을 믿고 생명의 길로 걸어가시기 바랍니다.

주께서 생명의 길을 내게 보이셨으니
(사도행전 2:28)

주 예수를 믿으라
그리하면 너와
네 집이 구원을
받으리라

사도행전 16:31

by 박현재